오늘도 아무렇지 않은 척한 너에게

I WISH I KNEW

Text copyright © Donna Ashworth 2022
Originally published in English language in the UK by Black
and White Publishing, an imprint of Bonnier Books UK Limited
The moral rights of the Author have been asserted

Korean translation copyright © Tender Hearts Publishing
Korean translation rights arranged with Bonnier Books UK Limited
through EYA Co.,Ltd

이 책의 한국어판 저작권은 EYA Co.,Ltd를 통해
Bonnier Books UK Limited과 독점 계약한 다정한마음이 소유합니다.
저작권법에 의하여 한국 내에서 보호를 받는 저작물이므로
무단 전재 및 복제를 금합니다.

오늘도
아무렇지 않은 척한
너에게

I Wish I Knew

도나 애슈워스 지음 · 이진 옮김

당신의 이야기는

당신이 원하는 대로 쓸 수 있습니다.

지금,

펜은 당신이 들고 있습니다.

차례

1

작은 성취 __14

허점이 있는 사람 __16

지친 마음 __18

그때 알았더라면 __20

너는 그 길로 가지 않는다 __22

놀라운 일 __25

불을 지피는 사람 __28

경직과 증오 __30

롤러코스터 __32

그저 삶을 살아라 __35

무언가를 꿈꾸려거든 __38

챕터들 __40

2

조립의 달인 __ 44

문 __ 46

당신의 가치 __ 48

너의 빛 __ 50

백지 __ 52

단순해지자 __ 54

너는 알고 있는지 __ 56

선물 __ 58

인생은 경주가 아니다 __ 61

멋진 일 __ 64

그런 사람을 만나길 바란다 __ 66

대체 불가 __ 68

최악의 상황 __ 69

3

밤 __72

바닥 __74

그곳에 너의 아름다움이 있다 __76

걱정 __78

따스함에 머물러라 __80

나는 알아 __82

사랑으로 떨어지지 마라 __84

기다리는 사람은 늘 기다린다 __86

사랑은 구두 한 짝에서 시작되지 않는다 __88

너와 함께 걸었다 __90

웃어라 __92

빛이 빛을 부른다 __94

그가 널 사랑하게 만들 수는 없다 __96

4

아무도 말해주지 않았다 __100

네 신발 참 마음에 들어 __102

당신의 사람을 찾아라 __104

말 __106

우정은 숫자가 아니야 __108

걱정의 불꽃이 떨어질 때 __110

너의 사랑을 말하라 __112

신기하게도 __114

우정이란 __116

가족 __119

너 또한 그러하기를 __122

자신을 안다는 것 __124

5

피어나라 __128

어쨌든, 말하라 __130

너는 그 이상이다 __132

너의 눈에 보이지 않는 것들 __134

독이 되는 조언 __136

이제, 숨을 내쉬어라 __138

당신의 몸 __140

안티에이징 __141

더 푸른 잔디 __144

알고리즘 __145

카메라는 거짓말을 한다 __146

당신에게 필요한 단 한 가지 변화 __148

6

슬픔은 사랑에서 시작되었다 __152

오늘 네가 보고 싶었다 __154

누군가가 세상을 떠나도 __156

어쩌면 너는 정말 유령인지도 __158

인생 매뉴얼 __160

꿈 __162

치유하라 __164

당신은 그를 한 번만 잃지 않는다 __166

전부 다 보았다 __168

애도에 관하여 __170

아름다운 너의 길 __173

계속 되어가라 __176

1

작은 성취

작은 성취에서
사소한 것들에서
이 세상 모든 것에서
아름다움을 발견하라

안도의 한숨에서
함박웃음에서
수고를 무릅쓰고
돕겠다고 나서는 마음에서

따스한 음료에서
푹신한 의자에서
애정을 표현하는 문자에서

친절한 말에서
행복한 대화에서
산책길에 느껴보는 바람에서
이른 밤 램프의 불빛 아래
꼭 어울리는 책에서

뜨거운 목욕에서
폭신한 양말에서
문을 다 잠그고
나만의 왕국에
아늑히 머무는 시간에서

작은 성취에서
사소한 것들에서
이 세상 모든 것에서
아름다움을 발견하라

허점이 있는 사람

허점이 있는 사람
진솔한 사람
다듬어지지 않은 사람을 따르라

있는 그대로를 말하는 사람
가면을 쓰지 않는 사람
꾸밈없고 솔직한 사람을 따르라
자기 자신을 사랑하는 사람
너를 있는 그대로 받아들이는 사람을 따르라

다른 사람들은
자신의 삶을 완벽하게 편집하도록
내버려두어라 굳이 그러고 싶어 하는 이들이라면

허점이 있는 사람을 따르라
그래야만 그들의 방식으로
너 자신을 보게 된다
그래야만 결코 누구도
실제로 이룰 수 없는 이상을 좇느라

매일이 불행해지는 삶을 피할 수 있다

허점이 있는 사람을 따르라
그들이 가르쳐줄 것이다
있는 그대로의 너 자신으로 존재하는 법을
그런 너를 좋아하는 방법을

지친 마음

너는 지치고 닳고 피로하고 찢겼다
삶이 너를 무너뜨렸다
끊임없이 밀려드는 높은 파도에
피폐해진 너는 이대로
물에 잠겨 죽을까 두렵다

너는 망가졌고 짓밟혔고 아프고 따갑다
어둠이 몰려오고
네가 알던 삶은
너무도 멀리 있는 것만 같다
이 시간이 영원히 끝나지 않을 것만 같다

너는 지치고 닳고 피로하고 찢겼다
한 줄기 빛조차 보이지 않는다
하루하루가 너무도 길고
좋은 날은 영영 찾아오지 않을 것 같다
너는 밤의 망령에 사로잡혔다

너는 망가졌고 짓밟혔고 아프고 따갑다

그러나 사랑하는 이여,
잊지 말아야 할 것이 있다
너는 전에도 이렇게 낮은 곳으로 떨어졌고
그럼에도 결국 패배하지 않았다

너는 지치고 닳고 피로하고 찢겼다
그러나 이 상황이 어떻게 흘러갈지
너는 이미 알고 있다
너는 네 안에 존재하는 힘을 되찾을 것이다
더 좋은 날들로 헤엄쳐 나갈 것이다

그때 알았더라면

자존감은 나의 정원에서 키워야 한다는 걸
그 소중한 씨앗을
남의 정원에 뿌려선 안 된다는 걸
처음부터 알았더라면

그 씨앗이 꽃피우기 위해
가장 갈망했던 건
나 자신에 대한 사랑이었음을
삶의 걸음걸음마다 알았더라면

얼마나 좋았을까, 그때 알았더라면
나 자신을 받아들이는 일이야말로
씨앗에겐 햇살이고
평화는 토양이며
사랑은 단비라는 걸
그때 알았더라면

계절처럼 혹은 바람처럼
이 세상 모든 것이 왔다가 사라져도

조건이 충족된 씨앗은
세상에서 가장 아름다운 해바라기처럼
크고 강하고 맹렬하게 자라고
돌보지 않으면 시들어 죽는다는 걸
늘 알았더라면

더 좋은 정원을 찾으려
온 세상을 헤매고 다녀도
나의 정원보다 더 좋은 정원은
찾을 수 없다는 걸
이미 오래전부터 알았더라면

그래서 나는 소망한다
네가 부디 이 진실을 깨닫기를
그래서 너 자신을
키울 수 있기를
너 자신에게
물 줄 수 있기를

너는 그 길로 가지 않는다

네가 선생님에게 말했고
선생님이 네게 말했다
앉아 있으라고
차례를 기다리라고
공손하게 말하라고

네가 부모님에게 말했고
부모님이 네게 말했다
노력하라고
포기하지 말라고
더 열심히 해보라고

네가 친구들에게 말했고
친구들이 말했다
달라지라고
우리처럼 행동하라고
유난 떨지 말라고

네가 너 자신에게 물었다

대체 난 어디가 잘못된 거지?
나는 왜 어울리지 못할까?
나는 왜 제자리를 찾지 못할까?

그러다가 너무도 지친 너는
실의에 빠져 어둠 속을 헤맨다

너는 달에게 물었고
별들이 말해주었다
넌 이미 충분해
그냥 너 자신일 수는 없어?

너는 환히 빛난다
빛으로 찰랑인다
어울리지 못하면 어때?

너는 그저 햇살이다
모두와 나눌 수 있을 만큼
넉넉한 햇살이다

남들과 똑같은 길로 가지 마라
너는 그 길로 가지 않는다

놀라운 일

사람들이 당신의 어떠한 면을 사랑하는지
알게 된다면 당신은
아마 깜짝 놀랄지도 모른다

사람들이 당신을 사랑하는 이유는
당신이 이룬 성취 때문도 아니고
친구가 많아서도
초대장을 많이 받아서도 아니다
당신이 모범적이어서도
당신이 단순하고 성실해서도 아니다

그건 바로 당신의 웃음 때문이다
누군가 당신의 웃음 버튼을 제대로 눌렀을 때
당신이 내는 그 웃음소리 때문이다
당신이 생각에 잠길 때 짓는
독특한 그 표정 때문이다

아무도 듣지 않을 때
당신이 흥얼거리는 노래 때문이고

거울 앞에서 당신도 모르게 삐죽이는
그 입술 때문이다

좋아하는 일을 할 때
열정적으로 빠져드는 그 모습 때문이고
일이 뜻대로 되지 않을 때 보이는
당신의 단호함 때문이다

도움이 필요한 사람에게
베푸는 친절 때문이고
동물을 보면 그냥 지나치지 못하는
애틋한 당신의 마음 때문이다

도무지 말이 안 되는
두려움과 신념을 갖고 있기 때문이고
도무지 말이 안 되지만
그게 바로 당신이기 때문이다
그래서 소중하다

사람들이 당신의 어떠한 면을 사랑하는지
알게 된다면 당신은
아마 깜짝 놀랄지도 모른다

전부 다 당신이
가지려고 애쓸 필요조차 없는
그런 것들이기 때문이다

불을 지피는 사람

그 어떤 실수를 저지르더라도
깊은 수렁으로 떨어지더라도
결코 당신의 불을 꺼트리지는 마라

다른 이의 조그만 불에
물을 뿌리는 사람이 되지도 마라
그 불을 살리기 위해
그는 무던히도 노력했다

그 어떤 실수를 저지르더라도
아무리 깊은 수렁으로 떨어지더라도
누군가가 자기 자신이기를 멈추게 하는
그 이유가 당신이 되게 하지는 마라
누군가가 자신의 특별한 면을 감추고
세상으로부터 숨어들게 하는
그 이유가 당신이 되게 하지는 마라

소중한 불이 꺼지는 것을 지켜보는 것보다
더 슬픈 일은 없다

이 세상엔 더 많은 불빛이 필요하다

당신에겐 힘이 있다
당신은 불을 지필 수도 있고
끌 수도 있다

결코 불을 꺼트리는 사람이 되지 마라

경직과 증오

세상이 처음으로 너의 마음을 찢어놓을 때
그 충격은 너를 압도한다
삶은 참으로 잔혹하고 때로 부당하다는 걸
너는 빠른 속도로 터득하고
그렇게 경직이 시작된다

두 번째로 세상이 너의 마음을 찢어놓을 때
너는 분노한다 너 자신에게
왜 이런 상황에 미리 대비하지 못했을까
그렇게 자기증오가 시작된다

삶은 계속되고
너는 그렇게 경직되고
그렇게 자신을 증오한다
시련이 닥칠 때마다
더 경직되고 더 증오한다

너는 경직되고 증오하고
또 경직되고 또 증오한다

너는 알지 못한다
사실 이 세상보다
너 자신의 잔인함이 너에게
더 큰 고통을 준다는 것을

이 악순환을 어떻게 끝낼 것인가

유연해지고 사랑하라
유연해지고 사랑하라

그리고 기억하라
고통은 언제나 찾아오지만
굳이 너 자신까지 그 고통을
더 끔찍하게 만들 필요는 없다는 것을

롤러코스터

인생은
네가 타본
가장 큰 롤러코스터

위로
아래로
올라갔다
내려갔다
들어갔다
나오는
롤러코스터

기쁨의 순간
올라가는 순간은
너무도 찬란하다
손잡이를 놓고
느껴라
마셔라

슬픔의 순간
내려가는 순간은
혼이 나갈 정도로 두렵다
손잡이를 꽉 잡고
느껴라
내쉬어라

우리의 매일은
새로운 굴곡
새로운 회전
그러나 어떤 순간도
그 어떤 순간도
영원하지 않다

최악의 순간이
영원히 끝나지 않을 것 같지만
어느 순간 속도가 느려지고
주위 풍경이 보인다
그리고 그 풍경은

놀랍도록 아름답다

인생은 네가 타본
가장 큰 롤러코스터

그러니 그저
그렇게 두어라
그렇게 그대로

그저 삶을 살아라

너는 너의 몸이 커지기를 바랄 것이다
너는 너의 몸이 작아지기를 바랄 것이다
너는 너의 몸이 달라지기를 바랄 것이다
너는 너의 몸이 달라지지 않기를 바랄 것이다

지금부터 세상을 떠나는 그날까지
너는 너의 몸에게 많은 것을 바랄 것이다

그러다가 어느 날
누구나 그러하듯이
살아온 날들을 되돌아볼 때
그때야 비로소 알게 될 것이다

너의 몸은 언제나 괜찮았고
언제나 최선을 다했다는 것을
단지 너이기 위해
단지 너를 위해

그리고 그때 너는 후회할 것이다

너의 몸에게 단 한 번도
말하지 않았다는 것을
너를 받아들이겠다고
있는 그대로 받아들이겠다고
단 한 번도 말하지 않았다는 것을

만약 그랬더라면
필요하지 않은 것을 바라며
삶을 허투루 낭비하지 않았을 텐데

네가 정말 바라야 했던 건
네가 가진 것을 받아들일 용기
끌어안을 힘
제대로 바라볼 수 있는 지혜인 것을

너의 몸에게 너는
많은 것을 바랄 것이다

그저 건강함을 꿈꿔보면 어떨까

그저 삶을 살아보면 어떨까

부족함이 있지만 여전히 아름다운

너의 삶을

무언가를 꿈꾸려거든

무언가를 꿈꾸려거든
확고한 신념을 가질 수 있기를 꿈꾸어라
주위 사람 모두가 인류애를 잃고
바닥으로 침몰해도
너의 믿음 너의 선함을
지킬 수 있기를 꿈꾸어라

무언가를 꿈꾸려거든
너를 비난하는 이와
너에게 상처 주는 이에게도
연민을 가질 수 있기를 꿈꾸어라
때로는 그들이야말로
가장 연민이 필요한 사람들이다

무언가를 꿈꾸려거든
너 자신에 대한
네가 사는 세상에 대한
새로운 진실을 깨우칠 수 있기를 꿈꾸어라
그것을 알아갈 시간은 언제나 부족하다

무언가를 꿈꾸려거든

진실을

평화를

친절을

재미를

모험을

기쁨을

지혜를 꿈꾸어라

그러나 절대로

남들처럼 되기를

꿈꾸진 마라

그것만큼은 절대로

꿈꾸지 마라

챕터들

당신의 지금 이 순간들은
소설의 한 챕터일 뿐이다
어쩌면 소설의 한 단락일 뿐

그 무엇도 영원하지 않고
그 무엇도 당신을 정의할 수 없다
당신이 허용하지 않는 한

당신은 소설의 주인공
주인공은 유연하다
주인공이 비틀거리고
성장하고
부러지고
흘러가게 하라

계속 대사를 써라
계속 페이지를 넘겨라
계속 무너뜨려라
계속 성장하게 하라

주인공은 5차원적 존재
그의 행로를 지켜보는 것은
언제나 흥미롭다

우리는 주인공을 응원한다
주인공의 삶은 아직 끝나지 않았다
아직도 한참이나 남았다

당신의 지금 이 순간들은
소설의 한 챕터일 뿐
어쩌면 소설 속 한 순간

순간을 결말로 착각하지 마라

2

조립의 달인

그렇다, 당신은 부서진 기분일 것이다
어떻게 다시 조립해야 할지
막막한 기분일 것이다

하지만 한 가지를 말해주고 싶다
당신은 또다시 부서질 것이고
또다시 이런 기분일 것이다
유일하게 좋은 소식이 있다면
당신은 매번 복구된다는 사실이다

당신은 반드시 당신을 다시 조립할 것이고
당신 자신을 다시 일으켜 세울 것이다
부서질 때마다
조금씩 더 강해질 것이다

당신을 조립할 때 쓰는 접착제는
점점 더 성능이 좋아질 것이다
그 접착제는 바로
당신의 지혜

많이 부서질수록
많은 선택 앞에 놓일 것이다
어떤 부분을 지켜야 할지
어떤 부분을 비워야 할지

당신의 선택은 좀 더 지혜로워지고
복구 작업은 점점 간결해질 것이다
그리고 어느 순간 당신은
당신의 작품을 구상하기 시작할 것이다

비록 지금은 부서진 것 같겠지만
그리고 실제로 부서졌다는 걸 알지만
당신은 조각들을 하나씩 주워 모아
더 나은 모습으로 돌아오게 될 것이다

부서지는 순간을 두려워하지 말라
숨 쉬는 것처럼 그 또한
우리 삶의 한 부분이니까
당신은 조립의 달인이 될 수 있으니까

문

당신의 몸
당신의 얼굴은
당신에게로 가는 문

문이 근사한 것은, 물론 좋다
문은 사람을 따스하게 반겨야 한다
때로는 문을 꾸며보는 것도 좋다
화려하게, 재미있게, 매혹적으로

그러나 문을 열고 안으로 들어서는 순간
누구도 그 문을 신경 쓰지 않는다

그 안의 분위기를 감상하느라
그 안의 진짜들을 둘러보느라
너무도 바쁘기 때문이다

그 안에서 먹고 즐기고 춤추고 노래하느라
이야기를 듣고 음악을 듣느라
당신의 삶 깊숙이 파고드느라

당신의 보금자리에 한껏 취하느라

그런 것들은 결코 낡거나 더러워지거나
유행이 지날 수 없는 것들

당신의 몸 당신의 얼굴은
당신에게로 가는 관문일 뿐
그 이상의 의미는 없다

진짜는 그 안에 있다

당신의 가치

당신의 가치를
움직이는 것들에
숫자에
옷 치수에
사람에
재능에 엮지 말라

당신의 가치는
당신이 지닌 가장 소중한 것
마땅히 보호해야 하는 것
견고한 것에
흔들리지 않는 것에
단단히 고정하라

당신의 가치를 키워라
그리고 당신의 가치를
당신의 내면에
당신의 영혼에
당신의 본질에 녹여라

당신의 가치가 자라도록
넉넉한 공간을 주되
당신이 아닌 그 누구도
건드리지 못하도록 하라

당신의 가치를
당신 자신이 아닌 그 누구와도
나누지 말라

누군가 자신의 가치를 키우고자 할 때
이끌어주고 안내하고 모범을 보여라

당신의 가치를
움직이는 것들에 엮지 말라
그것은
당신이 가진 가장 큰 재산이다

너의 빛

너의 빛은 성공에서 오지 않는다
완벽함과 성취, 멋진 외모로
점화되지도 않는다

너의 빛은 사람들이 보내는 관심과 찬사를
연료로 삼지 않으며
주위 다른 빛이 더 반짝인다고 해서
사라지지도 않는다

너의 빛은 너를 너이게 하는
너다움으로 이루어졌다
한밤중 너를 짓누르는 걱정들
너를 즐겁게 하는 음악들
네가 두 번 읽은 책들
네가 가슴 깊이 간직한 추억들
네가 사랑하고 너를 사랑하는
사람들로 이루어졌다

너의 빛은 너의 겉모습에

너의 능력에 의존하지 않는다

너의 빛은 늘 그 자리에 있다
너무도 찬란하게
언제나 너의 것으로

방에 들어갈 때마다
굳이 불을 켜지 않아도
그 빛이 너의 모든 방을 환히 비춘다

이 얼마나 멋진 일인가

환히 빛나는 작은 전사여,
이 어두운 세상엔
너의 빛이 필요하다

백지

백지는 매혹적이다
얼룩이 없고
순결하며
완벽하고
새롭다

하지만 백지가 비로소 흥미로워지는 건
그림을 그릴 때가 아닐까?
예술이 피어날 때가 아닐까?
마법이 풀릴 때가 아닐까?

삶이 너를 그리게 하라
주근깨와 튼살을
반점과 흉터를
그리고 굴곡, 굴곡, 굴곡을

삶이 너를 빚게 하라
너는 누구와도 똑같지 않은

독특한 사람
너와 똑같은 사람은
단 한 명도 없다

똑같은 작품을 어디에서나 볼 수 있다면
예술을 찬양할 이유가 있을까?

너는 미완의 걸작
너만의 작품이 되어라

백지는 시작을 위한 것
너의 그림은 이미 시작되었다

단순해지자

단순해지자
이번 삶에서 네가 할 수 있는 일은
한정되어 있다

거대한 파도가 너의 벽을 때릴 때
너의 심장에 불을 지펴줄
단순한 일들이 있다

단순해지자
그래야 길에서 이탈하지 않는다

주위를 둘러보고
순간을 즐겨라
마음을 편히 가져라
걱정의 바람이 네가 쌓은 성을 때릴 때
잠시 멈추고 심장박동을 느껴라
평온해져라

단순해지자

이번 삶에서 네가 할 수 있는 일은
한정되어 있다

어둠과 두려움의 사냥개가
너의 마음속에서 울부짖을 때에도
너에게 기쁨을 줄 소소한 일들이 있다

단순해지자
이번 삶에서 네가 할 수 있는 일은
한정되어 있다

너는 알고 있는지

알고 있는지
너의 몸이 오늘 한 일을
너의 몸이 날마다 하는 일을

몇 번이나 병을 물리쳤는지
몇 번이나 포기할 수 있었지만 싸웠는지
몇 번이나 무너질 수 있었지만 버텨냈는지

알고 있는지
너의 몸이 오늘 한 일을
너의 몸이 날마다 하는 일을

너의 몸은 날마다
놀라운 일을 해낸다
너의 도움도
너의 인정도
너의 포용도
너의 배려도 없이
너의 몸은 날마다

버티고 또 버텼다

너의 뇌에서 너의 세포로

끝없는 부정의 물결이 흐르는데도

난 멋지지 않아

난 매력적이지 않아

난 날씬하지 않아

어쩌면 이제 너의 몸을

제대로 바라볼 때가 된 건 아닌지

너의 몸은 너무도 훌륭한 존재라는 걸

너의 몸 덕분에 너의 영혼이 있어야 할 자리에 있다는 걸

너의 몸이 너를 살게 한다는 걸

알고 있는지

너와 너의 몸이 한 팀이 된다면

얼마나 더 잘 해낼 수 있을지

과연 너는 알고 있는지

선물

우리 모두는 저마다
특별한 선물을 지니고 태어난다
오직 우리만 받을 수 있는
아주 특별한 선물을

그것은 재능이거나 당신만의 독특한 버릇
삶을 대하는 방식
어둠 속에서 빛을 찾아내는 능력이다

바로 그 특별한 선물이
당신이 꿈꾸어왔던 그곳으로
당신을 데려간다
바로 그 선물이
닫힌 문들을 열어 사람들을 모으고
기쁨을 수확하며 두려움을 몰아낸다

하지만 한 가지 기억해야 할 것은
그 선물이 무엇인지 찾아내려다
평생을 허비할 수도 있다는 것

그것은 삶을 피폐하게 하는
무모한 집착이다

거창한 선물이 아닐 수도 있다
날렵한 몸, 생명을 구하는 능력
아름답게 노래하는 목소리
멋지게 춤추는 발이 아닐 수도 있다
때로 그것은 그저
소박한 삶의 한 순간일 수도 있다

어쩌면 그것은
끊임없이 세상에 빛깔을 입히는 능력
흐린 하늘에 빛을 보여주는 방식
사람을 편안하게 하는 당신만의 비법
엉망이 된 누군가의 하루에 당신이 전하는 평온

어쩌면 그것은
바라봐주길 바라는 이의 이야기를
언제나 들어주는 당신의 귀

이 세상을 조그맣게 보고
우리 모두가 하나의 팀이라고 믿는
당신의 세계관

어쩌면 그것은
사람들에게 당신이 나누어주는 열정
온 세상에 예술과 음악을 전파하고
많은 이들의 마음에 당신이 일으키는 변화

잠시 시간을 내어
당신의 내면을 들여다보아라
그동안 잊고 살았던
당신의 작은 선물을 보아라
그것을 꺼내 사랑을 주고
잘 보이는 곳에 두어라
그러면 그 선물이 당신 곁에 머문다
언제까지나
당신 곁에

인생은 경주가 아니다

그들의 인생을 따라가는 것이
당신의 인생일 거라고,
때가 되면 지혜가 찾아와
당신을 좋은 길로 안내할 거라고
착각하지 마라

당신의 시간이 닳아 없어지고 있다고,
당신의 생체시계가 둔해지기 전에
백마 탄 기사가 나타나야 한다고
조바심 내지 마라

이십 대에 좋은 날이 오지 않았다고,
당신의 가장 강렬한 열망의 해답을
아직도 알지 못한다고
걱정하지 마라

목록에 적어놓은 일들을
삼십 대에 완료할 필요는 없다
아무리 간절해도 기회의 문은

매번 열리지 않는다

사십 대가 되면 당신이 통과한 문들이
통과해야만 했던 문이었음을,
당신이 걸어온 길이
당신에게 맞는 길이었음을
깨닫게 된다

세월이 흐르고
당신의 소설을 다시 읽어보면
당신 삶이 올바른 방향으로 흘렀음을
문득 깨닫게 된다

모든 길이 똑같아야 한다고
착각하지 마라
당신은 그들의 길을 걷기 위해
이곳에 오지 않았다

당신은 새로운 게임을 하기 위해

이곳에 왔다

멋진 일

자기 자신을 좋아하는 사람 곁에 있으면
봄날의 햇살 속에 앉아 있는 기분이다
그가 너의 영혼을 끌어올리고
가상의 무도회에서 춤추게 한다
그럴 때면 마치
가장 좋아하는 노래와
가장 좋아하는 간식과
오랜 포옹이 한데 어우러진 것 같다

이유는 참 단순하다
자기 자신을 있는 그대로 사랑하는 사람은
남을 함부로 판단하지 않고
남의 결점을 들추지 않으며
약점 잡을 마음으로
남의 말을 꼬아 듣지 않는다
그런 행동을 하지 않는 법을
그는 이미 터득했다
그는 자기 자신을 자연스럽게 받아들이고
너 역시 있는 그대로 받아들인다

너의 반짝임을 알아보고
마땅히 바라봐야 할 방식으로 너를 바라본다

그것은 참으로 행복한 경험
그 자체로 새로운 에너지
친구여, 부디 그런 기쁨을
더 자주 누리기를 바란다

그러다 보면 어느 순간
너 역시 너 자신을 좋아하는 사람이 될 것이다
그래서 누군가에게 햇살이 되어줄 것이다

이 얼마나 멋진 일인가

그런 사람을 만나길 바란다

네가 원하는 모든 조건들을 충족하는
그런 사람을 만나길 바란다
네 마음속 환상과 완벽히 일치하는
그런 사람을 만나길 바란다

진심으로 진정으로
모든 면에서 널 만날 자격이 있는 사람
널 제대로 바라보고 너의 전부를 바라보는 사람
있는 그대로의 널 바라보는 사람을
만나길 바란다

세상의 모든 황금을 다 주어도
너와 바꾸지 않을
그런 사람을 만나길 바란다
그런 사람을 꼭 만나길 바란다

하지만 그보다 먼저
네가 원하는 것 전부를
너 자신에게서 먼저 찾길 바란다

그러면 일이 한결 쉬워질 것이다
마치 길을 닦거나 컴퓨터를 포맷하는 것처럼

네가 사랑받고 싶은 바로 그 방식으로
너 자신을 사랑하길 바란다

그러면 나머지는 저절로 따라올 테니까

대체 불가

친구와 함께하는 것도 좋지만
혼자일 때 행복을 느낀 적이 있는가?
그저 홀로 존재하는 것만으로도
만족한 적 있는가?

그렇다면 그건 정말 멋진 일이다
이번 생에서 너는 그 누구보다도
너 자신과 많은 시간을 보내야 하기 때문이다
날마다 그 누구보다도 너 자신에게
많은 말을 하게 되기 때문이다

행복해지고 싶다면,
그 관계를 소중히 여겨라
친구도 좋고 가족도 소중하다
하지만 너 자신은 절대적이다
대체 불가이고 필수적이다
그 관계를 돈독히 다져라
결코 후회하지 않을 것이다

최악의 상황

당신에게 닥칠 수 있는 최악의 상황은
당신이 뚱뚱해지는 것도
당신이 못생겨지는 것도
당신이 멍청해지는 것도 아니다

당신에게 닥칠 최악의 상황은
당신이 남들과 다른 것도
당신이 어수룩한 것도
당신의 열정이 과한 것도 아니다

당신에게 닥칠 수 있는 최악의 상황은
당신이 누구인지 세상이 알까 두려워
의심의 감옥에 갇혀 불안과 씨름하며
삶의 무대로 나아가지 않는 것이다

당신에게 닥칠 최악의 상황은
당신이 당신 아닌 다른 사람이 되는 것이다
당신이 되어야 할 사람은 오직 당신 자신인데도

3

밤

밤은 위험하다
한낮의 빛이 감추었던 것들을
어둠은 어떻게든 드러낸다

그것들이 침대 밑에서 기어나와
너를 쫓아다니고 너를 괴롭힌다

주워 담고 싶은 말들
하지 말았어야 했던 말들

하지 못했던 일들
완전히 망쳐버린 일들

과거의 괴물과 미래의 악령이
밤이면 전부 다 살아나
잠이 가져다주는
평온을 빼앗는다

밤은 만만치 않은 상대이지만

일찌감치 불 켜는 법을 터득한다면
전부 다 사라져 버린다

하지만 불을 켜는 스위치는
벽에도 없고
침대맡에도 없다
불 켜는 스위치는
너의 머릿속에 있다

필요하면 언제든
네가 불을 켤 수 있다

괴물과 악령과 두려움과 걱정은
네가 불을 켜는 순간
전부 다 사라져 버린다

언제든
언제든

바닥

바닥을 치는 순간
너는 안다
그곳이 네가 도달할 수 있는
가장 낮은 곳임을

밑바닥을 보았다는 게
최악의 깊이를 경험했다는 게
위안이 된다

차갑고 딱딱한 바닥에 떨어져
주저앉아 있는 너에게는
몇 가지 선택지가 있다

그곳에 계속 머물 수도 있다
바닥을 견고하고 강하게 다져
새로운 성을 쌓아 올릴 수도 있다

네가 정말 영리하다면
지면까지 바닥을 다진 다음

거기서부터 더 높은 성을 쌓을 것이다

다시 바닥을 칠 일은 없다
너는 떨어질 때를 대비해
올라오는 계단을 만들어두었다

바닥이 특별한 이유는
견고하고 아름답기 때문이다

아름다운 성을 지으려면
그런 바닥이 필요하다

성을 굳건하게 지탱해줄
단단한 바닥

그곳에 너의 아름다움이 있다

너는 거울 속에서
사진 속에서
옷의 상표에서
너의 아름다움을 찾는다

고맙다고 말하는 친구의 문자에서
특별한 날이나 힘든 날 받은 편지에서
눈물 어린 미소의 기억에서
찾아야 하는데도

친구여, 보듬고 보살피는 너의 모든 손길 속에
우울한 날 던진 한마디 농담 속에
힘을 주려 공유하는 플레이리스트 속에
그곳에 너의 아름다움이 있다

친구가 홀로 있을 때
너만은 그의 곁을 지키는
그 순간 속에
너의 아름다움이 있다

그 어떤 영광이나 허영 없이 네가 퍼뜨리는
사랑과 빛과 웃음의 보이지 않는 그물 속에
그곳에 너의 아름다움이 있다

너의 아름다움은 바로 그곳에 있다

걱정

걱정은 엄청난 상상력의 낭비
만약 우리 생각대로 이루어진다고 믿는다면
걱정은 최악의 결과를 소망하는 셈이다

머릿속에서 걱정들이 어지럽게 휘몰아칠 때
걱정을 한 줄로 세워라

맨 앞줄에는
진짜 너의 걱정들을 세워라
소셜미디어나 뉴스가 주입한 것들은 빼라
그런 것들이 설 자리는 애초에 없다

두 번째 줄에는
오늘 당장 처리할 수 없는 걱정들을 세워라
그것들은 내일까지 선반에 올려두어라
내일이면 좀 더 명료해질 것이다

세 번째 줄에는
네가 바꿀 수 없는 것들을 세워라

이미 저지른 실수들
가슴에 품고 있는 후회들을 세워라
그것들은 영원히 줄 서서 기다릴 것이다
우주선 밖으로 방출할 수 있다면 그렇게 해라
쓸모도 없을뿐더러 보기에도 좋지 않다

걱정은 정말 엄청난 상상력의 낭비
너의 상상력을 더 좋은 일에 써라

따스함에 머물러라

쿨하다는 건,
조금은 가까이하기 어려운 사람
차갑고 신비롭고
선뜻 다가가기 힘든 사람

옳은 일보다는 위험한 일을 해서
보는 이를 숨죽이게 하는 사람
그래서 더 동경하게 되는 사람

차가운 심장에서 나오는 그런 모습은
참 근사해 보인다
그러나 나는
단 하루도 쿨했던 적이 없다
단 하루도

따스함에 머물러라
사랑스러움은 그곳에서 나온다
따스한 사람은
무너진 사람 앞에 손을 내밀고

진심으로 웃는 법을 안다
너를 대상으로 웃지 않고
너와 함께 웃는다
언제나 함께 웃는다

따스함이 생명을 키운다
사랑을 키우고
기쁨을 키운다

추운 곳에서는 살아남기조차 힘들다
너는 겨우 살아남기 위해서가 아니라
피어나기 위해 이곳에 왔다
너를 꽃피우기 위해

나는 알아

나는 알아
네가 왜 이 안락한 삶을 마다하고
상어 소굴로 뛰어들고 싶어 하는지

나는 알아
네가 왜 지금 느끼는 고통보다
상어의 이빨이 더 견딜 만할 거라 생각하는지

나는 알아
네가 왜 홀연히 사라지고 싶어 하는지
네가 왜 죽음을 향한 마지막 사투를 벌이려 하는지

나는 그 이유를 알아

하지만 이것도 알지
널 반길 것 같은 상어의 이빨이
마침내 네 살을 파고들 때
너의 눈꺼풀 안쪽에서
한 편의 영화가 시작될 거야

사랑과 순수한 기쁨의 순간들로 가득한 영화
네가 주인공이면서 동시에 네가 감상할 수 있는 영화

너의 인생 영화는
아주 소중하게 느껴질 거야
아주아주 소중하게 느껴질 거야

그래서 넌 상어를 물리치려고
온 힘을 다할 거야
다시 뭍으로 돌아가려고
다시 한번 살아보려고
온 힘을 다할 거야

나는 알아
네가 왜 바다에 뛰어들고 싶어 하는지
하지만 이것도 알지

네가 결국엔 헤엄을 치게 되리란 걸
반드시 헤엄을 치게 되리란 걸

사랑으로 떨어지지 마라

할 수 있다면
사랑으로 떨어지지 마라

떨어지는 건 고통스럽다

할 수 있다면
사랑으로 날아들어라

날개를 펼치고 높이 날아올라라
감정에 몸을 싣고 저 구름 위
가장 높은 곳으로 날아올라라

그러나 결코 잊지 말기를
너에게 날개가 있다는 것을
누구도 너의 날개를 자르거나
못 쓰게 하거나
망가뜨리게 해선 안 된다는 것을

할 수 있다면

사랑으로 떨어지지 마라
사랑으로 날아들어라

그것이 너의 힘이다
필요하면 언제든
날아서 빠져나와라

결코 떨어지지 마라

기다리는 사람은 늘 기다린다

기다림은 위험한 게임
언젠가 모든 조건이
완벽하게 들어맞는다는
보장은 없기 때문이다

우리에게 주어진 시간을
미리 알 수 있다면
시간을 안배할 수 있겠지만
우리는 결코 알지 못한다
그러니 시간을 지혜롭게 써라

휴식, 기쁨, 친구와 친절에 쓴 시간은
결코 헛되지 않다
일단 저질러라
저질렀다 실패한 일도
결코 후회하지 않는다

그러나 기다림으로 평생을 허비한다면
반드시 후회한다

기다리는 사람은

늘 기다린다

그러나 너에겐

살아야 할 삶이 있다

사랑은 구두 한 짝에서 시작되지 않는다

사랑은 다이아몬드 속에 살지 않는다
촛불을 환히 밝힌
둘만의 저녁 식사 속에도 살지 않는다
사랑은 동화가 아니다
사랑은 구두 한 짝에서 시작되지 않는다

사랑은 돈이 들지 않는다
태양 아래 즐기는
근사한 휴가가 필요한 것도 아니다
사랑은 조건을 달지 않고
기쁨이나 재미에 좌우되지 않는다

사랑은 매일의 순간 속에 있다
지금 네 생각 중이라는 문자 속에
오늘 하루 잘 보내라는 아침 전화 속에 있다

사랑은 걱정을 들어주는 것이고
고민을 털어놓는 것이다

사랑은 포기하지 않는 것이고
가까이 있고 싶어 하는 마음이다

사랑은 늘 낭만적인 것만은 아니다
때로 사랑은 시끄럽고 추하고 그러나 진실하다
사랑은 함께 깨지고 함께 성장하는 것이다
사랑은 구두 한 짝에서 시작되지 않는다

너와 함께 걸었다

오늘 너와 함께 걸었다
일부러 먼 길을 택했다
말하지 못했던 것들을 말하기 위해
나는 그렇게 시간을 벌었다

나는 너에게 다정하게 말했고
너무도 자주 눈물이 흘렀다
나는 너에게 나의 비밀을
네가 알아야 할 얘기들을 들려주었다

아름다운 그 길을 걷는 동안
내 마음을 전부 다 너에게 주었다
지금 말하는 게 맞는지 생각하지 않았고
오늘 해야 할 다른 일들도 생각하지 않았다

천천히 걸으며
꽃을 꺾어 내 머리에 꽂았다
우리의 오래된 나무를 너에게 보여주었고
이번엔 잠시 멈추어 나무를 바라보았다

오늘 너와 함께 걸었다
일부러 거친 길을 택했다
나를 웃게 했던 너의 모든 장난들을
너에게 다시 일깨워주었다

이미 오래전에 그랬어야 했지만
오늘에야 멈추어 장미 향기를 맡았다
나는 그 특별한 순간을 붙잡았고
그런 순간들이 앞으로도 많기를
빌고 또 빌었다

사랑아, 오늘 너와 함께 걸었다
그리고 뼛속 깊이 후회했다
너와 함께 먼 길을 돌아가며
말하지 못했던 것들을 말하기까지
그토록 긴 시간이 걸렸던 것을

너와 함께 그 길을 걷기까지
그토록 긴 시간이 걸렸던 것을

웃어라

자신을 사랑하라고
사람들은 말하지만
몸은 너무 뚱뚱하고
코는 너무 뭉툭한데
툭하면 엉뚱한 말을 내뱉고
자신은커녕 그 누구에게도
기쁨이 되지 못하는 것 같은데
어떻게 나 자신을 사랑할 수 있는지
아무도 말해주지 않는다

이토록 모자란 나를
어떻게 사랑할 수 있을까?

그럴 땐 너 자신을 보고 웃어라
조용히, 때로는 큰 소리로

네가 농담을 던질 때
너 혼자 그 농담을 들었더라도
웃어라

넌 재미있는 사람이다

넌 진짜 재미있는 사람이고 너도 그걸 안다
그러니 너 자신을 웃겨라
그것이야말로 자신을 사랑하는 여정의 시작
그렇게 사랑은 날마다 자라고 꽃피운다

웃음은 너무도 순수하고 강력한 에너지
그 에너지가 너를 이끈다

거기에서부터 시작하라
나머지는 저절로 따라온다

빛이 빛을 부른다

너의 빛이 흐려질 때가 있을 것이다
너무도 약해진 불빛이 다른 이는 고사하고
너 자신을 비추기에도 모자랄 정도로

그런 날엔 다른 곳에서 빛을 구하라
빛은 무료이고 언제든 얻을 수 있다
네가 청하기만 한다면

또 어떤 날엔 너의 빛이 넘쳐흘러
마치 종이꽃가루처럼 주위에 뿌리고 싶다
온 세상을 아름다운 빛으로 물들이고 싶다
그럴 땐 그렇게 하라

어두운 날을 밝히기 위해
빛을 모아두고 싶겠지만
빛의 에너지는
그런 식으로 작동하지 않는다

나눌 수 있을 땐 나누고

부족할 땐 얻어라
빛의 순환은 그렇게 계속된다

빛이 빛을 부른다
빛의 생성은 멈추지 않는다

천둥 치는 날엔
번개의 빛을 받아라
네가 환히 빛날 땐
마른 세상에 너의 빛을 뿌려라

빛이 빛을 부른다

그가 널 사랑하게 만들 수는 없다

그가 널 사랑하게 만들 수는 없다
그가 이미 널 사랑하지 않는다면

누군가에게 사랑받기 위해
너 자신을 바꿀 수는 없다
사랑은 그런 식으로 움직이지 않는다

어떤 이는 널 사랑할 것이고
어떤 이는 널 사랑하지 않을 것이다
우리가 결코 알 수 없는 이유로

너는 그저
널 사랑하는 이를 사랑하고
널 사랑하지 않는 이를
사랑과 함께 보낼 수 있을 뿐이다

널 바라보지 않는 그를
자신이 가진 것을 깨닫지 못하는 그를
네가 원하는 대로 해주지 않는 그를

용서할 수 있을 뿐이다

널 사랑하지 않는 그를
용서할 수 있을 뿐이다

그 거리를 메우기 위해
너 자신을 더 사랑하겠다고
맹세할 수 있을 뿐이다

누구도 널 사랑하게 만들 수는 없다
이미 널 사랑하지 않는다면

그러나 널 사랑하지 않는 그 사람이
너 자신이 되어서는 안 된다
그것만큼은 네가 할 수 있다

너 자신에게 충분히
사랑받을 수 있다
그것만큼은 네가 네 뜻대로 할 수 있다

4

아무도 말해주지 않았다

아무도 말해주지 않았다
네 얼굴을 이토록 자주 보게 될 거라고
눈을 감아도 여전히 보게 될 거라고

아무도 말해주지 않았다
네가 정확히 어떤 소리로 웃었는지 생각하느라
밤새 뒤척이며 잠 못 이루게 될 거라고

아무도 말해주지 않았다
너무도 자주 핸드폰으로 손을 뻗었다가
가슴 아프게 다시 내려놓게 될 거라고

아무도 말해주지 않았다
너는 나의 오른편이자 왼편이었고
나의 이유이자 나의 길이었으며
나의 아침, 나의 밤이었다고

아무도 말해주지 않았다
네 삶이 마치

내가 상상해낸 영화처럼 느껴질 거라고
네 존재를 잠시나마 느끼기 위해
그 영화를 본 사람을
찾아 나서게 될 거라고

아무도 말해주지 않았다
음식이 맛을 잃고
공기 속에 산소가 부족해지고
내가 이토록 너를
그리워하게 될 거라고

내가 이토록 너를
그리워하게 될 거라고
아무도 말해주지 않았다

네 신발 참 마음에 들어

너의 머리가 멋지다고 말했지만
사실 내가
정말로 말하고 싶었던 건…

넌 내 마음에 작은 불꽃을 일으켜
너의 미소는 내 마음을 따스하게 해
네가 웃으면 나도 웃게 돼
마치 맑은 냇물이 내 영혼에 스며드는 것처럼

네가 가까이 있으면
햇살이 날 환히 비추는 것 같고
너와 함께 있지 않을 땐
슬프긴 하지만 그래도 이미 너로 인해 충전된 것 같아
마치 전원이 연결돼 숨결과 떨림이 흐르는 것처럼

그런데 난 네게
이렇게만 말했어
"네 신발 참 마음에 들어!"

내가 정말로 하고 싶었던 말을
부디 네가 알아들었기를

당신의 사람을 찾아라

그가 저기 있다
당신이 찾아주기를
당신이 보아주기를 기다린다
어쩌면 너무 뻔한 장소에 숨어서

그를 찾는 순간
그는 당신을 좋아할 것이다
있는 그대로의 당신을

그건 바로 그가
당신의 사람이기 때문이다

그를 만났을 때 어떻게 알 수 있을까?

그것은 쉭 하는 작은 소리로,
그와 당신 사이를 휙 하고 지나가는
아주 조그만 섬광으로
알 수 있다

그것은 영혼을 알아보는 영혼

당신의 가치를 모르는 사람의
호감을 사려 애쓰지 마라
그 사람은 영원히 알지 못할 것이다

당신 자신이 아닌
다른 사람이 되려 애쓰지도 마라
자칫 당신 영혼의 단짝이
당신 곁을 지나칠지도 모른다

당신의 사람을 찾아라
그는 분명히 존재하고
그에게도 당신이 필요하다

그것은 일종의 화학 반응
그를 느껴라

말

너의 입에서 나가는 말을 조심하라
말은 지독하게 잔인할 수 있다
누군가의 방어벽을 뚫고
곧바로 그의 심장에 박힐 수 있다
때론 무심코 뱉은 한마디 말이
긴 세월 누군가의 심장에 깊이 박힌 채
건드려질 때마다 따끔거리고
자존감을 일그러뜨린다
그러니 말을 조심하라

너의 손끝에서 나가는 말을 조심하라
말은 창공을 가로질러
누군가의 휴대폰과 역사 속으로 스며들고
결코 완벽하게 지워지지 않는다
분노의 순간 네가 입력한 말은
자꾸만 되살아나 아물었던 상처를 헤집는다
그러니 말을 조심하라

분노의 순간

두려움의 순간
질투의 순간에
말을 조심하라
말이 너의 목을 지나 밖으로 나가려 할 때
그 관문에서 세 가지 질문을 하라

이 말은 진심인가?
이 말은 사실인가?
이 말이 누군가에게 상처를 주는가?

말을 조심하라
말은 벽을 무너뜨리기도 하고
다리를 놓기도 하지만
때로는 너무도 쉽게
아름다운 영혼을 파괴한다

우정은 숫자가 아니야

너에게 친구가 단 한 명일 수도 있어
그 친구는 참 든든하겠지
넌 마치 군대를 거느린 것 같을 거야

반면 친구가 여럿인데도
그들이 과연 의리를 지켜줄지
확신이 없을 수도 있어

어쩌면 내일 갑자기 새 친구를 만날지도 몰라
어쩌면 새 친구가 네게 말할지도 모르지
언제나 네 곁에 있겠다고
그리고 정말로 네 곁에 있어줄지도

평생을 알고 또 사랑했던 친구가
네가 힘들 때는 물론이고 기쁠 때조차
나타나지 않을 수도 있어

네가 진짜 진짜 운이 좋다면
좋은 친구를 여럿 가질 수도 있겠지만

사실 너에게 필요한 건 단 한 명

우정은 숫자가 아니니까
우정은 직감이니까

부디 너의 직감을 믿기를

걱정의 불꽃이 떨어질 때

너무 지쳐 잠들지 못할 때
베개가 납덩이처럼 느껴질 때
마음속 걱정들이
머릿속에서 불꽃처럼 날아다닐 때

온몸의 뼈가 쇳덩이 같고
움직일 때마다 근육이 신음할 때
마음에 감각이 없고
세상의 추악한 진실만 가득할 때

도무지 안정을 찾지 못하는 밤
우리의 행성이 너무도 차갑게 느껴질 때
내가 그 불꽃들 사이로 걷게 해줘
내가 대범하게 나서는 사람이 되게 해줘
내가 그 불꽃들을 손으로 잡아
너의 침대 밑에 넣어두게 해줘
너의 머릿속에서 날아다닐
아름다운 생각들을 내가 남겨놓을게

너의 몸이 도무지 움직여주지 않을 때
너의 영혼에 휴식이 필요할 때
언제나 내가 곁에 있다는 걸 잊지 말아줘
내가 기꺼이 용감한 친구가 되어줄게

너는 혼자이려고 태어난 게 아니야
네가 힘들 때 내가 곁에 있을게
그리고 약속할게
나에게 걱정의 불꽃이 떨어질 때
네가 내 곁에 있게 해주겠다고

너의 사랑을 말하라

세상에 두려운 건 너무도 많지만
네가 가장 두려워해야 할 것은
바로 이것이다

사랑을 말하지 않는 것

언제나 마음을 표현하라
언제나 사랑하는 이에게
네가 하는 그 말이
마지막 말인 것처럼 하라

실제로 그 말이 마지막 말이 된다면
너는 몇 번이고 되뇌고
더 좋은 말로 바꾸려고
더 깊은 사랑으로 바꾸려고
온몸의 세포를 쥐어짤 것이다

그가 얼마나 신비롭고 놀라운지
얼마나 기쁨을 주는 존재인지 말하라

사랑을 말할 시간이 얼마든지 있다고 믿는
우를 범하지 마라

시간은 결코 믿을 것이 못 된다

너의 사랑을 말하라
날마다
너의 사랑을 말하라
무슨 일이 있어도
말하라

신기하게도

누군가에게 인정의 빛을 비출 때
그는 꽃피운다
그것은 과학
마법 같은 과학이다

누군가에게 참 특별하다고
그래서 멋지다고
끊임없이 말해주면
그는 그 말을 믿고
결국 세상도 그 말을 믿는다
그가 자신의 특별함을
그 진정한 재능을
마음껏 펼치기 때문이다

멈추어라
네가 갖지 못한 것들을 말하는 것을
시작하라
네가 가진 것들을 말하는 것을

사람들은 네가 가진 좋은 면들을 본다
네가 보여주기만 한다면
그들은 기꺼이 본다

남들과 다름을 기뻐하라
다름을 아름답게 가꾸어라
받아들이는 것이야말로 힘이고
그보다 더 좋은 건
너 자신을 있는 그대로
인정하는 것이다

그것은 과학
마법 같은 과학이다

우정이란

우정이란
네가 방황할 때에도
네가 무너질 때에도
흉하게 눈물 콧물을 흘릴 때에도
그가 네 곁에 있으리란 걸
아는 것이다

우정이란
괜찮냐고 정말 괜찮냐고 두 번 물어주고
네가 괜찮지 않은데 괜찮다고 말하면
그 말을 믿지 않는 것이다

우정이란
기쁠 때는 물론이고 최악의 날에도
네 곁에 있어주고
네게 가장 중요한 게 무엇인지
알아주는 것이다

우정이란

그가 네게 준 선물을 깨닫고
그의 자긍심을 키워주는 것이고
그 선물을 기꺼이 받되
오직 좋은 일에만 쓰는 것이다

우정이란
무지개의 모든 빛깔이고
그 빛깔 사이의 모든 빛깔이다
때론 기쁘고 때론 슬프고
때론 못나고 때론 빛나는 것이다
사랑받는 것이고
찬란한 것이다

우정이란
그가 누에고치 속에 숨어 있을 때에도
나오기를 기다리며 버틸 수 있는 것이다
그리고 그가 돌아왔을 때
여전히 똑같은 그임을 알고
그의 변화를 기꺼이 받아들이는 것이다

우정은 선물이고 축복이며 기쁨이다

네가 갖고 싶은 그런 친구가 되어라
너 자신에게도
네가 갖고 싶은 그런 친구가 되어라

가족

가족이 반드시 혈연이어야 하는 건 아니다
전통적인 개념이어야 하는 것도
항상 편해야 하는 것도 아니다

너를 숨 쉬게 하는 사람이면 누구든 가족이다
반드시 삶을 함께 시작한 사람일 필요는 없다

가족은 우리 모두가 받아야만 하는 선물
그 선물을 받지 못했더라도
만들 수 있다
찾을 수 있다

가족은 다양한 형태로 존재하고
때론 겉모습으로 알 수 없지만
느낌만으로도 알 수 있다

가족은 언제나 예쁘지도
언제나 편하지도 않다

그러나 언제나 용서하고
언제나 사랑한다

너의 가족이 그렇지 않다면
네가 바꿀 수 있다

가족은 너를 구속하고
때론 그 구속에서 벗어나고 싶겠지만
그리고 벗어나도 상관없지만
집으로 가는 길은
항상 기억하기를

가족은 장소가 아닌 느낌
집으로 돌아가는 지도는
너의 영혼에 있다
너의 심장에 있다

가족이 반드시 혈연이어야 하는 건 아니다
전통적인 개념이어야 하는 것도

항상 편해야 하는 것도 아니다

그러나 가족은 언제나 사랑 안에 있다
그것만이 유일한 조건이다

너 또한 그러하기를

네가 간절히 원하는 것이
오직 숨어버리는 것일 때에도
날마다 세상을 마주하는 네가
나는 자랑스럽다
너 또한 그러하기를

네가 정말 원하는 것이
과거에 죽도록 매달리는 것일 때에도
과거를 놓아버리는 네가
나는 자랑스럽다
너 또한 그러하기를

사랑으로 상처 입을 수 있다는 걸 알면서도
마음을 열어 보이는 네가
나는 자랑스럽다
너 또한 그러하기를

어둠 속에 있던 너 자신을
조금씩 드러내는 네가

나는 자랑스럽다
너 또한 그러하기를

용기의 모양은 참으로 다양하고
너는 날마다 다른 용기를 보여준다

나는 그런 네가 자랑스럽다
너 또한 그러하기를

자신을 안다는 것

자신을 알아야 한다고
그래야 길을 잃지 않는다고
사람들은 말한다
하지만 날마다 달라지는 나를
어떻게 알 수 있을까?

어떤 날의 나는 아주 똑똑해서
사람들이 원하는 대답을 알고
어떤 날의 나는 아주 씩씩해서
앞으로 나서 사람들을 이끈다

또 어떤 날의 나는
거센 바람에 수백만 개의 작은 조각들로
산산이 부서질
얇은 유리창인 것만 같다

그런 날 나는 주눅이 들고
세상으로부터 숨어
내 안의 어린아이가

웅크렸던 몸을 펴고
다시 피어나기만을 기다린다

날마다 나라는 사람의
복잡성을 발견하고
그 새로움에 놀란다

그러니 어떻게 나를 알 수 있을까?
그 모든 것이 합쳐진 게 나인데

그저 다짐할 뿐이다
나를 사랑하겠다고
기어이, 끝까지 내가, 나를

5

피어나라

작물이 무르익은 여름의 논밭을 지날 때면
짙은 노란색의 똑같은 담요를 바라볼 때면
나는 생각한다
이건 자연의 소행이 아니야
인간의 소행이지

자연은 아무 데나 씨를 뿌리고
스스로 자라게 한다

야생의 꽃밭을
거닐어본 적 있는지
온갖 모양, 온갖 빛깔의 꽃들
온갖 크기와 온갖 생각의 꽃들을
본 적 있는지

그것은 무럭무럭 자라는 생명의 폭주
그것이 바로 자연이다
그것이 바로 모든 것과 모두가 섞인
놀랍도록 혼란스러운 정글이다

작은 꽃송이인 너도
그 자연의 소중한 일원
저 논밭의 작물이 되려 하지 마라
너는 들에 핀 야생화다

떠나야 할 땐 그저
바람에 몸을 실어라
그리고 어디서든
피어나라

나의 소중한
작은 꽃이여,
피어나라

어쨌든, 말하라

어떤 이는
자신의 아픔을 통해
자신의 방어벽을 통해
불안의 담벼락을 통해
너의 말을 듣는다

어떤 이는
옳건 그르건
자신이 배운 방식대로
너의 말을 거르거나
너의 말을 믿는다

또 어떤 이는
너의 생각에 영원히 동의하지 않거나
네가 바라보는 시선을 이해하지 못한다
그들은 세상을 다른 방식으로 보라고 배웠다

하지만 그래도 괜찮다
어쨌든 말하라

동의해주기를
폭발적인 반응을
기대하지 마라

변화에는 시간이 필요하다
어쩌면 영원히 오지 않을지도 모른다

하지만 그래도 괜찮다
그럼에도 불구하고
어쨌든, 말하라

너는 그 이상이다

지금껏 너는 걱정하며 살았다
네가 아직 부족하다고
심지어 잘하고 있을 때조차도
잘하는 것 그 이상일 때조차도

그러나 넌 네가 아는 것 그 이상
네가 상상하는 것 그 이상이다

네 안엔
아직 발견되지 않은 네가 너무도 많고
앞으로도 오랫동안 너의 발견은 끝나지 않는다

지금껏 너는 걱정하며 살았다
네가 부족하다고

잠시 멈추고 돌아보면
그동안 네가 얼마나 잘해왔는지 알 텐데
좀 더 깊이 생각해보면
지금 네가 얼마나 잘하고 있는지 알 텐데

친구여,

너는 지금도 잘하고 있고

잘하고 있는 것 그 이상이다

너는 늘

그 이상이었다

너의 눈에 보이지 않는 것들

너의 눈에 보이지 않는 그것을
내가 대신 보여줄게
오랜 시간이 흐른 뒤에
비로소 볼 수 있는 그것을

옷
보석
팔로워
초대장
그런 건 하나도 중요하지 않아

중요한 건
널 무너뜨리려는 사람들
너의 빛을 흐리게 만들려는 사람들
네가 빛나는 것을 보고
그 빛이 사라지길 바라는 사람들
너의 빛을 불편해하는 사람들
그들에 굴하지 않고
세상 속으로 나아가는 것

이 세상에서 네가 어떤 존재인지
그들이 정의하게 두지 말기를
그것은 오직 너만 아는 것
그건 네 SNS에도 없고
최근 게시물의 조회수에도 없어
오직 네 안에 있어
네 안 깊은 곳에
네 모든 세포에 새겨져 있어
네가 마음만 먹으면
점점 더 환히 빛날 거야

내가 보여줄게
아직은 너의 눈에 보이지 않는 그것을
너는 정말 특별해
지금 그 모습 그대로

사람들의 인정은 필요치 않아
네가 널 인정한다면
그걸로 충분하니까

독이 되는 조언

체중에 대한 칭찬은
우리 마음에 독이 된다
건강해 보이지만
날씬해 보이진 않는다는 이유로
지방세포를 없애라고
그들은 말한다
여자가 그래서 어떻게 이기겠냐고

너무 마르거나 앙상해도 안 되고
너무 뚱뚱해도 안 된단다
그런 외모는 섹시하지 않단다

늘 똑같은 상태를 유지해야 한다고
몸의 진화를 허용해선 안 된다고
과학을 초월해야만 한다고
그렇게 스스로 세뇌하란다

건강한 식단을 유지하되
간식을 먹는 즐거운 일탈은 금해야 한다고

우리 삶을 텅 비워야 한다고
그래야만 체중을 유지할 수 있다고
그래야만 멋질 수 있다고

뚱뚱하지도 마르지도 않아야 한단다
꼭 그래야 한단다
아니면,
여자가 그래서 어떻게 이기겠냐고

이제, 숨을 내쉬어라

너의 배가
평평해야 할 이유는 없다
사실 너의 배는 둥글기를 원한다
너의 모든 세포에 모든 근육에
너의 존재 자체에
그렇게 새겨져 있다

그 안의 소중한 것들을 보호하기 위해
곡선을 이루도록
설계가, 구조가, 디자인이
그렇게 되어 있다

너의 배를 평평하게 하려 애쓰는 것은
너의 귀를 네모나게 하려 애쓰는 것만큼
무모한 일

그러니 배를 내밀어라
너는 있는 그대로 아름답다
오히려 네가 그 아름다움을 억누르고 있는 것

세상의 모든 여성의 이름으로

이제 숨을 내쉬어라

어떤가,

참 멋지지 않은가

당신의 몸

여성의 몸이 매끄럽고 단단하고 흠 없이 완벽해야 할 이유는 없다. 여성의 몸은 생명을 창조하고 품고 기를 수 있도록 만들어졌었다. 그것 말고도 수많은 놀라운 능력을 지니고 있지만 우리가 완벽하게 만들기 위해 애쓰는 그 몸은 오랜 시간 유전학과 과학과 진화의 과정이 녹아든 거대한 연결망이다. 몸은 생명을 창조하고 보호하고 호르몬 균형을 유지하기 위해 지방을 저장하고 만들어낸다. 그러니 만약 날씬한 몸을 갖기 위한 전쟁에서 지고 있다면 그건 너의 잘못이 아니다. 마치 너는 불어오는 바람을 몰아내려 하는 것. 그러니 잘 돌보아라. 너의 몸과 마음을, 그리고 너의 영혼을. 너의 몸을 타고 떠나는 여정을 즐겨라. 너의 몸과 함께하는 여정은 딱 한 번뿐이다. 평화와 웃음, 그리고 받아들이는 마음. 너의 몸에 그보다 더 좋은 약은 없다.

안티에이징

노화 방지 크림, 영양제, 세럼
마스크팩, 스크럽, 로션
피부에 바르면 세월이 지워져요
눈가와 목선을 따라 귀까지
톡톡 두드리듯 바르세요

손도 잊지 말아요
손이야말로 확연히 티가 나죠
수고한 세월을 고스란히 드러내니
반드시 감춰야만 해요
몸은 날씬하게, 피부는 탄력 있게
햇볕을 과하게 쬐었다면
반드시 시술을 받아야 하지만
너무 애쓴 티를 내선 안 돼요
그건 보기 좋지 않으니까요
당신의 젊음은 아주 자연스러워야만 하고
그래서 당신은 노화와 싸워야만 하죠

아니면,

그냥 나이를 먹을 수도 있겠죠
삶이 새겨놓은 주름을
그냥 보여줄 수도 있겠죠
웃고 살아내고 굶주리지 않았던 세월을

노화는 우리가 피해야 할 대상이 아니에요
오히려 시간과 세월이 준 선물이죠
모두가 그 축복을 누릴 수 있는 건 아니니까요

대자연은 세월의 아름다움을 알고 있어요
우리를 사랑으로 채색하죠, 우리가 볼 수만 있다면
우리의 주름에는 지혜가 깃들었고
우리 머리카락에는 별빛이 스몄어요
성장과 사랑의 흔적이 있고
우리가 나눌 이야기가 있어요

그러니 우리 함께 나이 들어요
이 피부를 사랑해요
보호하고 양식을 주고 보살피되

노화를 받아들여요

우리 삶의 여정을 받아들이는 것이야말로
진정으로 생기 넘치는 사람이 되는 비법
당신의 몸은 비로소
환히 빛날 거예요

더 푸른 잔디

때로는 다른 곳의 잔디가
더 진한 초록빛으로 보일 수도 있다
어쩌면 그게 사실일 수도 있고
또 어쩌면 사실이 아닐 수도 있다

그 잔디에 누군가 날마다
정성껏 물을 주었을 수도 있고
그곳의 날씨가 완벽했을 수도 있다

지금 내가 당신에게 하고 싶은 말은
당신의 잔디도 충분히 멋진 초록빛이라는 것이다
당신이 날마다 물을 주고 충분히 햇볕을 쬐어주면
점점 더 진한 초록빛이 될 것이다

당신의 잔디를 사랑하라
당신이 사랑하는 모든 것은
점점 더 나아질 뿐이니까

알고리즘

당신을 작고 초라하게 만드는 계정은 끊고 다듬어지지 않은 날것 그대로의 모습, 거칠지만 진실한 모습을 보이는 계정을 팔로우하라. 그러면 소셜미디어의 신이 당신과 비슷한 영혼들을 몰고 와 어느 순간 당신의 피드가 영혼을 살찌우는 빛으로 가득 찰 것이다.

우리의 삶도 마찬가지다. 당신을 끌어내리는 것들은 과감히 끊고 당신을 끌어올리는 것들을 따르라. 그러면 온 우주가 당신에게 필요한 것들을 몰고 올 것이다. 당신이 발전하고 성장하여 당신의 잠재력을 펼치는 데 필요한 모든 것을.

아주 간단하다.

카메라는 거짓말을 한다

달빛과 일출의 아름다움을 사진에 담으려다
좌절했던 적이 한 번이라도 있다면
알 것이다
사진은 인간의 눈에 보이는 것들의
모조품에 불과하다는 사실을

사진은 우리가 바라보는 아름다움을
결코 제대로 담지 못한다
그건 너도 예외가 아니다
너의 아름다움은 너를 바라보는 사람의
눈동자 속에 존재한다
사진에 담긴 네 모습이
네가 생각하는 너의 모습과 다른 건
바로 그 이유 때문이다

너의 아름다움은 카메라로도
필터로도 포착되지 않는다
너의 아름다움은 네가 뿜어내는 에너지 속에
마법 속에, 빛 속에 있다

전부 다 오직 너의 것이고
항상 그곳에 있다

카메라는 거짓말을 한다
아니 어쩌면
네가 얼마나 대단한 존재인지
완전히 이해하지 못하는 것인지도…

당신에게 필요한 단 한 가지 변화

당신의 몸은
태어난 순간부터 변화했고
죽는 그날까지
변화는 계속될 것이다

그 변화에 저항하는 건
일생일대의 싸움
그 싸움이 당신에게
크나큰 슬픔과 불행을 안겨줄 것이다

인생이라는 여정에서
당신의 몸을 일찍 받아들일 수 있다면
당신의 몸은 제 빛을 되찾고
당신은 자연스럽게 스스로를 돌볼 것이다
그리하여 많은 고통에서 벗어날 것이다
비유적으로도, 현실적으로도

당신은 패션트렌드도 마네킹도 아니다
당신은 살과 뼈와 심장을 지닌 사람이고

있는 그대로 충분히 아름답다

겉모습을 바꾸려 하지 마라
사랑스러운 이여

바꿔야 할 것은
당신이 당신 자신을 바라보는 눈

당신에게 필요한 변화는
오직 그것뿐이다

6

슬픔은 사랑에서 시작되었다

슬픔의 어깨를 잡고 흔들어라
그것이 어디에서 왔고
무엇으로 만들어졌는지
떠오를 때까지

슬픔에게 보여주고 또 일깨워라
슬픔이 사실은 사랑임을

슬픔을 처음 시작된 그곳으로
돌려보내라
그 뿌리로 돌려보내라
슬픔에게 일깨워라
사랑은 전부 다 소진하고
전부 다 아우르며
영원히 견디는 것임을

슬픔의 어깨를 잡고 흔들어라
그것이 사랑이 될 때까지
슬픔은 애초에 거기서 시작되었다

슬픔은 사랑에서 시작되었다

오늘 네가 보고 싶었다

오늘 네가 보고 싶었다
그러나 그건 새로운 일이 아니다
어제도 백만 번 네가 보고 싶었고
그 얘길 하려고 휴대폰을 들었지만
너에게 문자를 보낼 수 없다는 사실을
또다시 깨달았을 뿐이다

너의 환한 미소를 스무 번 보았지만
전부 다 내 상상이었다
나는 텅 빈 채로 돌아다니고
세상은 꿈처럼 기괴하다
그러다 너의 노래가 흘러나오면
이 모든 게 현실이 아닌 것만 같다

오늘 네가 아주 많이 보고 싶었다
그러나 나는 늘 네가 많이 보고 싶다
널 그리워하면 그나마 견딜 만하다
지금은 그게 내가 가진 것의 전부
잠시 널 이곳으로 데려올 수 있으면 좋겠다

너의 미소가 어떤 모양인지 잊을까 두렵다

오늘 네가 보고 싶다
내일도 네가 보고 싶을 것이다
이 슬픔은 도무지 끝날 것 같지 않다
그래도 나는 어떻게든 계속 살아갈 것이다
네가 그러길 바란다는 걸
네가 그곳에서 날 응원하고 있다는 걸
알기 때문이다

오늘 네가 보고 싶다
그러나 난 찾으려 노력할 것이다
널 홀로 버려두지 않고도
계속 앞으로 나아갈 방법을
우리의 사랑을 간직한 채로
계속 앞으로 나아갈 방법을
널 떠올리고도 그저
행복할 수 있는 방법을

누군가가 세상을 떠나도

누군가가 세상을 떠나도
그를 데려올 수 있다
비록 잠시일지라도

그에게 말을 걸고
너의 기억과 너의 글로 그를 그리고
그의 정수에 숨을 불어넣어
그를 되살릴 수 있다

누군가가 세상을 떠나도
그를 다시 만날 수 있다
비록 잠시일지라도

그의 모습이 되어보고
그가 지닌 가장 좋은 것을
네 안에 받아서
그것으로 너의 말과 생각과 행동을 만들어
세상에 다시 돌려줄 수 있다

누군가가 세상을 떠나도
그를 다시 느낄 수 있다
비록 잠시일지라도

그가 좋아했던 음악을 듣고
그가 좋아했던 노래를 부르면
한때 그를 떠오르게 했던 그 선율로
그를 다시 살릴 수 있다

누군가가 세상을 떠나도
그의 일부를 살릴 수 있다
그를 향한 너의 사랑을 베푸는 것으로
너의 삶에 영원한 자리를 만들고
너의 식탁에 영원한 자리를 만들고
너의 책에 찬란한 한 챕터를 남겨두는 것으로

이야기는 죽지 않는다
그의 이야기를 이어가라

어쩌면 너는 정말 유령인지도

애도의 과정에는
너의 영혼이 너의 육체를 떠나는 시간도
포함되어 있다

마치 떠나간 이를 하늘 어딘가에서
찾으려는 것처럼

해야 할 일을 하며
한 걸음씩 내디디며
살아서 돌아다녀도
사실 너야말로
유령 같다

어쩌면 너는 정말 유령인지도

어쩌면 너의 영혼은
그리운 그를 찾을 때까지
계속 헤맬지도
그가 너에게

이젠 그만 돌아가
너의 삶을 살라고 말할 때까지

무감각의 상태가 지나가면
이젠 그의 말을 들을 차례다
돌아가서 너의 삶을 살아라
그리고 두 배로 열심히 살아라

네가 있어야 할 곳은 하늘이 아니다
잃어버린 그를 찾아 헤맬 필요가 없다
그가 너를 찾아올 것이다

그가 너를 찾아올 것이다
그리고 바로 그 순간
너는 그를 느낄 것이다

인생 매뉴얼

인생에 매뉴얼이 있다면
날마다 읽을 텐데

어떻게 나의 길을 찾아야 할지
차근차근 읽어볼 텐데

깨알 같은 글씨에 집중하고
행간의 의미까지 읽어낼 텐데
한 자도 놓치지 않고
마음속에 새길 텐데

내 방 벽마다
출력해서 붙여놓을 텐데

그것은 완벽으로 가는 길
어둠에서 탈출하는 지도

사람들과 어울리는 비법
품위와 우아함에

완벽의 경지에 도달하는
고수의 가르침

넘치는 자신감으로 가는 티켓
꿈꾸던 삶으로 이끄는 안내서
모든 문을 여는 열쇠

인생에 매뉴얼이 있다면
날마다 읽을 텐데
나의 길을 찾기 위해
이렇게 애쓸 필요가 없을 텐데

꿈

꿈은 결코
우연한 상상이 아니다
꿈은 네 안의 또 다른 네가 쓴
누구도 본 적 없고
들어본 적 없는 이야기다

아주 오래전 세상이 너에게
너무 과하다고 혹은 너무 부족하다고 말했을 때
뒷자리로 물러나 앉았던
또 다른 너의 이야기다

어쩌면 네 눈이 감기고
보초를 서던 너의 두뇌가 잠자리에 들 때
그제야 그 아이가
펜을 꺼내 들어 쓴 이야기인지도

꿈은 네가 누구인지
어떤 일을 겪어왔는지
일깨워주는 이야기다

세상에 도사리고 있는 위험을
모호하게 그러나 편안하게
경고해주는 이야기다

과거에 느꼈던 감정을
오늘 다시 한번
느껴보게 하는 이야기다
때로 너를 즐겁게 하고
때로 웃게 만드는 이야기다

어쩌면 꿈이야말로
저평가된 선물

너의 꿈에 주의를 기울여라
꿈은 결코
우연한 상상이 아니다

너의 영혼이
너에게 보내는 메시지다

치유하라

네 마음을 치유하기를
진심으로 바란다
빼앗겼던 힘을 되찾고
잘못된 것을 바로잡고
악마를 처단하고
네가 그토록 단단하게 잠가둔
판도라의 상자를
열 수 있게 되길 바란다

사랑하는 이여,
너의 삶은 오직 한 번뿐
너는 아름다운 삶을 누릴 자격이 있다
고통 없는 삶이 무엇인지
알 자격이 있다

그러나 너는 치유하지 않고
원치 않는 순환을 되풀이한다

친구여, 꼭 한 가지만 부탁한다면

그건 바로 치유하라는 것

지금 바로 시작해라
네가 얼마나 심하게 망가졌는지
인정하는 것에서부터
네가 얼마나 용감했는지
인정하는 것에서부터

그것이 상자를 여는 열쇠다
상자를 열어라
한동안 아프겠지만
너는 이미 너의 상처를 안다

이제 더 아플 일은 없고
덜 아플 일만 남았다

실제로 덜 아플 것이다
네가 치유를 시작한다면

당신은 그를 한 번만 잃지 않는다

당신은 그를 한 번만 잃지 않는다
그를 자꾸만 잃는다
어떤 날은 하루에도 여러 번 잃는다
슬픔을 잠시 잊고 있을 때에도
어느 틈엔가 살금살금 다가와
뒤에서 당신을 공격한다

그럴 때면 새로운 슬픔의 파도가 밀려오고
익숙한 깨달음이 당신을 때린다
이젠 그가 없어
또다시

당신은 그를 한 번만 잃지 않는다
새날이 밝아와 눈을 뜰 때마다
잠에서 깨어날 때마다
당신의 기억도 함께 깨어난다
당신의 심장을 찢어놓았던
번개의 충격도 함께 깨어난다
또다시

누군가를 잃는다는 건
한 번의 사건이 아닌 긴 여정
상실의 슬픔에는 끝이 없다
상실의 파도가 당신을 덮칠 때
물 위에 떠 있는 법을 터득할 수 있을 뿐이다

폭풍의 바다를 항해하는 이들에게 친절하라
그들 앞엔 긴 여정이 있다
사랑하는 이가 떠났음을 깨닫는 순간마다
온몸으로 감당해야 할 충격이 있다
또다시

당신은 그를 한 번만 잃지 않는다
날마다 잃는다

평생토록 잃는다

전부 다 보았다

내가 떠난 다음 날
나는 전부 다 보았다
나의 가족 나의 친구들이
비탄에 잠긴 것을
그 고통과 혼란
그 충격을 보았다
미친 듯이 날뛰는
나의 악령들을 보았다

나는 소중한 사람이었고
사랑받고 있었다
이곳이 더 낫지는 않다
이 위에 있으면 전부 다 보이고
나의 삶이 결코 하찮은 것이 아니었음을
이제는 알기 때문이다

나의 삶은 소중했는데
내가 팽개쳐 버렸다
어둠에 귀를 기울였고

그 어둠이 날 이끌었다

그러나 이곳에 와서
비로소 나는 깨닫는다
지상에 머물며
계속 살았어야 했음을

나는 이곳에서 저 아래를 내려다보며
평생의 상처로 남을 고통을 지켜본다
내가 닿았던 사람들의 마음속에서
나는 영원히 사라지지 않을 것이다

있는 그대로의 나 자신으로도
언제나 충분했다는 것을
그때 내가 알았더라면

애도에 관하여

애도는 단지
사랑하는 이를 잃은 슬픔이 아니다
애도는 체념이며 깨달음이다
모두가 날 떠날 거라는

애도는 마음과 영혼을 쏟아붓는 사랑에 대한
지속되는 두려움이다
그가 날 떠날지도 모른다는

애도는 단지
사랑하는 이를 잃은 슬픔이 아니다
애도는 또다시 사랑하는 것에 대한
두려움이다
어쩌면 또다시 사랑을 잃을지도 모른다는

그것은 당신의 심장을 보호하려 세운 벽
그러나 바로 그 벽이
당신이 보호하려 했던 심장을
아무도 모르게 굶겨 죽인다

그 심장이 갈구하는 단 하나
사랑을 주지 않았기 때문에

한 가지 분명한 것은
사랑은 빛바래지 않고
결코 잃을 수 없다는 것
사랑은 영원하다는 것

당신이 사랑했던 사람이
더는 당신을 사랑할 수 없어도
당신은 언제나 당신을 사랑할 수 있다
당신은 언제나 당신을 사랑한다

그는 당신을 떠나지 않았다
진짜 떠나진 않았다
그리고 당신은 알고 있다
그것이 진실이라는 것을

들어라, 느껴라, 보아라

그는 당신과 함께 있다
그는 당신 곁을 지킨다
언제까지나

몸이 살아 있는데도
영혼이 죽은 것 같겠지만
당신은 여전히 살아 있다

그는 이제 살아 있지 않고
아직은 당신을 원하지 않는다
그는 당신이 살아 있기를
간절히 원한다

아름다운 너의 길

이번 생에 너는
아름다운 너의 길을 걷는다
눈에 보이지 않아도
반짝이는 별들의 그물과도 같은
너만의 길을 걷는다

네가 누군가의 마음에 닿는
바로 그 순간들이
그 길에서 반짝이는 별들

네가 미소 짓고 조언하고
친절을 베푸는 그 순간들이
전부 다 너의 별들

너의 찬란한 은하수는
날마다 팽창한다
네가 가본 적 없어도
말과 행동으로 너의 기운이 닿았던
그 모든 곳으로

너의 은하수가 뻗어나간다

사랑과 기쁨
성실과 친절
우정과 신뢰
그리고 너다움으로 가득한
꼬불꼬불한 그 길을
너는 걷는다
그 길이 너의 눈에는
보이지 않는데도

만약 그 길을 볼 수 있다면
그리고 네가 이 세상에
얼마나 큰 영향을 미치고 있는지
볼 수 있다면
너는 아마 완전히 매혹될 텐데

부디 아름다운 그 길을 계속 걷길 바란다
이 세상에 네가 보탤 것들은

너무도 많으니

언젠가 다른 이들이
그 길을 따라 걸을 것이다

네가 만든 그 길을
오직 너만이 만든 그 길을

계속 되어가라

너는 언제나
너 자신이 되어가는 중이다

세상이 너를 제 틀에 맞추기 전에
네가 태어난 순간 예정되어 있던
바로 그 사람이 되어가는 중이다

네 안의 너는
사람들에, 분위기에, 상황에 맞춰
숨고 변신하는 법을 배웠다

너는 언제나
너 자신이 되어가는 중이다

네 안의 너를 조금씩 세상에 내놓을 때마다
어머니 자연이 숨을 내쉰다
더 깊은 숨을 내쉰다

그래, 거기 있었구나!

계속 되어가라

계속 너 자신이 되어가라

오늘도 아무렇지 않은 척한 너에게

1판 1쇄 인쇄 2025년 7월 14일 **1판 1쇄 발행** 2025년 7월 24일

지은이 도나 애슈워스 **옮긴이** 이진
발행처 다정한마음 **편집** 솔림 **디자인** 행복한물고기 **제작** 제이오
출판신고 2022년 2월 17일(제2022-08호)
전화 070-4519-8675 **팩스** 0503-8379-3215 **전자우편** dajunghan22@naver.com
ISBN 979-11-980660-1-5 03840   책값은 뒤표지에 있습니다.

이 책은 저작권법에 따라 보호받는 저작물이므로 무단 전재와 복제를 금합니다.
이 책의 내용을 사용하려면 반드시 저작권자와 다정한마음에게 서면동의를 받아야 합니다.